AF288769

RENATE WICHERS ☐ KÜSS DEINEN KALTEN MUND

RENATE WICHERS

KÜSS
DEINEN KALTEN
MUND

GEDICHTE

Alle Rechte liegen beim Autor

Originalauflage 2000

Lektorat: Heike Schoop

Umschlagfoto: Rainer Zimmer

Layout: Renate Wichers

Herstellung: Libri Books on Demand

ISBN 3-8311-0484-0

EIN VOGEL WAR ICH

STECKNADELN

Eines Tages
fern
ganz klein
nur noch
silbern
dünn
mit einem
winzigen
Punkt als
Kopf, eine
Stecknadel
von vielen

VORKOMMEN

Ein paar Stunden
Hoch gerechnet
Einen Tag lang
Vorkommen
Im Leben eines anderen
Eine Rolle gespielt
Ein Licht gesetzt
Einen Schatten geworfen
Eine vage Erinnerung
Ein Ahnen
Nichts

ALLES WIE IMMER

Ich nehme das Bild
von der Wand,
die Schlüssel lege ich
auf den Tisch,
ich ziehe das Bettlaken
glatt und schlage
die Tür hinter mir zu.

Alles wie immer.

Die Luft vibriert und
ich sehe, es gibt mich
noch im Schaufenster,
schön dieses Kleid,
aber teuer.

ON THE ROAD AGAIN

Der Mann mit dem Koffer,
auf der Straße,
an einem Sonntagmorgen
im Winter läuft er
zum Bus, der Mann
mit dem lila Koffer,
immer kleiner
hin und her, nur
noch eine Bewegung
in der Dämmerung,
verschwunden
im Bus.

WARUM?

Ein Vogel war ich.
Daran darf ich nicht
denken.

Du warst so schön.

Der Morgen als
der Himmel so blau war.
Vergess ich nicht.

Vor 1000 und einem Jahr.

Die unter deinem Schädel
pickt. Sie will
dein Blut.

Du bist so böse.
Warum?
Aber um deinen Schatten
der Rand.
Da rum.

Liebst du mich?

VORBEI

Heiße Kohlen sprangen
auf mich aus deinem
Mund mit Lächeln
aus Kodacolor,

                    aschfahl

zog dein Gesicht
vorbei am Morgen,
dunkel vorm Fenster,
der Himmel bedruckt
wie graues Papier

ÜBER DEN WIESEN

Ich lebe im Winter,
klar und schneidend,
die Luft kalt.

Libellengesumme, grün
ist mein Lied, flirrend
über den Wiesen.

Der Gott hat mich
zu dir gesetzt.
Das weißt du doch.
Vielleicht ist er böse.

Soviel Gefunkel schaufel
ich um dich herum.
Immer noch, es nimmt
kein Ende.

Müde bin ich.

Kommst du jetzt?

NIE MEHR SO

Wieder mal mitten
Im Leben angestanden
Und wieder die falsche
                    Schlange

The same old story alles
Vorbei nie mehr so
Ein Tag im Regen
Will mich verschwemmen
Darf nicht raus spielen.

AN DEM TAG

An dem Tag, an dem er
geht, höre ich auf
zu weinen, an dem Tag
kaufe ich mir weiße Blumen
und reiße ihnen
alle Blütenblätter einzeln
aus und stopfe sie
in einen schwarzen Sack.
Und dann bin ich sehr müde
und lege mich hin

KALTBLAU

Unter dem Fenster
Auf dem Bett
Unter der Decke
Ein Mann, ein Haus
Zwei kahle Bäume,
Raus seh ich
Tee trink ich
Gleich geh ich
Nichts hab ich
Vergessen, kaltblau
Sonnig draußen
Ciao!

MEINE BELOHNUNG

Am Ende des Raumes
Hinten an der Tür
Mit erhobener Hand
Die weiße Fahne
Ein Lächeln aus Routine
Meine Belohnung winkt,
Greift in meine Gedärme.

NOCH EINMAL DAS

Und noch einmal die schöne
Lüge? Mit allem Drumunddran?
Die hochgerissenen Arme,
Verrenkungen, Mundentgleisungen,
mit dem Rücken zur Wand oder
das ganz große Finale:
Salto Mortale! Ohne Netz
und Boden - noch einmal dieses
Flimmern in der Magengrube.

Jaja, schon gut. Ich weiß.
Aber wie wär´s mit ´nem
müden Nicken, Nachsicht
und der vollen Dosis
Erinnerung: Paradelauf
in Full Technicolor!

(It´s all over now, Baby Blue)

Und später dann von einem
fremden Lächeln einen Tag lang
leben können.

IMMER WILL ICH DICH

THE CANDY MAN

Immer will ich dich.
Dein Ding zwischen den Beinen
schiebt sich in meine Träume,
bohrt sich in meinen Kopf,
brennt wie Feuer,
in mir dort unten
die Hölle, ganz kühl,
ganz klar dein Blick,
„Noch eine Tasse Tee?"
(You are so beautiful,
so beautiful!)
„Ja, gern", (O, please
please me, please!)
Was für ein Mann!
O.K. Du hörst von mir,
ich ruf´dich an.
(Don´t talk so much!)
I love you dear.
Hush, hush!

ST.GEORG
LANGE REIHE

Le Petit Déjeuner Anglais
mit Tee, Milch und Honig
am runden Tisch
vor dem Fenster,
„Seebilder" im Ohr und
unten ist Markt.

Street of my life!

Wie am ersten Tag
siehst du mich an
immer noch schön
will dich so sehr
krieg nie genug
lass nicht von dir.

„ZU PFINGSTEN SIND DIE GESCHENKE AM GERINGSTEN" oder: ES WAR EINMAL

Klick, klack, „Tictac" und
Ticketacketicketacke, nachts
in Ost-Berlin, Kopfsteinpflaster,
Charité, Herr Benn, ich grüße
Sie!

    Bevor die Welt sich auf
die Füße stellt, noch einmal
das, was gleich schon nicht
mehr gilt:

        Du und ich und Du
(soo einen lasterhaften Mund
hast Du) die Tauben auf dem
Dach und der geteilte Himmel
eine Farce?

        Der Westen schrillt
fallsüchtiger Osten;

die Nacht macht klar und zieht
den Tag an Land, jetzt schnell
noch mal die gute alte Suppe.
Herr Ober! Salz! Und Pfeffer!
Bitte. Danke auch schön.
(Forever gone Berlin)

REIN MIT DEM STOFF

Hey! Du nicht recht auf
den Füßen, ich nicht mehr
so bei Verstand, tändelnd auf
schwankendem Boden, ein
                              blaublauer
Himmel mit Wolken am Morgen um
5 wie gestern mit 17? Na und!

Ich spiel dir die Janis und
du mir den Jim, du schlägst
die Gitarre, ich schrei dir
                              mein Lied.

Komm küss mich! Komm her.
Und kauf mir (D)ein pinky
pinkfarbenes Herz; dann her
mit der Pulle, rein mit dem Stoff,

es glimmt, es glüht, du funkelst
so schön.

Und morgen da sind wir wieder
ganz brav, du nimmst den Flieger,
ich besuch dich im Schlaf.

WAS SOLL ICH MACHEN

Ich tue alles,
damit er nicht umfällt.
Ich gebe ihm reichlich
zu essen, wenn er
krank ist, koche ich ihm
eine besondere Suppe,
die seinen Magen schont.
Unangenehmes halte ich
von ihm fern, und ich sage
selten, was mir nicht an ihm
gefällt, er soll glauben, er ist
ein guter Mensch,
ein lieber Mensch,
ein großzügiger Mensch
und so fürsorglich, dass er
nicht anruft, weil er mich
nicht stören will, glaube ich

Aber was soll ich machen,
wenn er sich eines Tages
über die Brüstung lehnt,
ein großer Sturm kommt
und ihn runterreißt?
Meine Suppe auf ihn gießen?

SEINE GRÜNE JACKE

Sie ist ihm angenehm
wie all seine Kleider,
ausgesucht, besonders.
Wenn er verreist, nimmt er
nur einige mit, die anderen
bleiben im Schrank.
Manchmal denkt er, schade,
an die grüne Jacke habe ich
nicht gedacht, aber er ist
deswegen nicht unglücklich,
und er sagt auch nicht,
ich habe Sehnsucht nach ihr,
oder ich vermisse sie.
Er zieht eine andere an,
und wenn er das Haus verlässt,
hat er das alles vergessen.

AM KATZENTISCH

He´s in town,
die halbe Stadt mit
ihm verplant, sitz ich
                    zu Haus
am Katzentisch mit
meinem Telefon.

Knusperknusperknäuschen,
wer treibt´s mit meinem
Täubchen?

Wär´s doch nur ich,
nur ich und nicht so ´n
Kind, so ´n halbes Kind.

SAG MIR ALLES

Schnee liegt um ihn.
Nachts deckt er sich zu
bis oben hin
mit Wein und Bier.
Sein Herz will ich
besprühen mit roter
Farbe.

Pling Plong!

Steig in deine bösen Träume,
allen den Garaus mach ich
Pengpeng! Weg da!
Sag mir alles, ja?
Will deine Hand.

Love me two times, Baby
Love me twice today
Jim Morrison

BLUE COLOUR

Komm leg dich zu mir, will
dich! Zieh mir das Kleid aus,
ab den Verband,

                nichts mehr
im Sinn;

           stülp mich dir über,
gib dich zu fressen.

Kommkomm. Pscht. Pscht!
Alles wird gut. Siehst du
wie nah,

              (blue blue colour
of my truth)

                oben, höher,
noch höher!

GOTTAGOTTAGOTTA GOT TO
GET ME GOTTAGOTTAGOTTA
GOT TO GET ME THAT.
KICK.
NOW!
DU.

WARM WAR ES

Heute Nacht träumte ich
auf deinem Bauch
lag ich, auf deiner
Brust mein Kopf
telefonierte ich
mit weiß wer wem
nur so, die Sonne
schien und warm
war es und blau
der Himmel

AUF DEM SEIL

Wenn ich groß bin
will ich auf dem Seil tanzen,
ohne Netz,
und du sitzt
in der ersten Reihe
links oben,
damit ich deine Augen
besser sehe und
dein Herz höre.

DER MANN VOM MEER

Der den ich liebe
Schwimmt auf dem Meer

Er hält sich
So gut er kann

Sein weißes Gesicht
Leuchtet in der Nacht

Manchmal winkt er
Und lächelt

Niemand ist so

KEINE ENTFERNUNG

Das Telefon spielt
den Ahnungslosen, gibt
den Gaukler, ganz
auf der Höhe der Zeit,
Entfernungen sind doch
nur noch Probleme von
gestern, als jeder
Kilometer sich durch
die Leitung zwängte,
ganz leise manchmal,
knarrte oder rauschte
und die Sehnsucht
immer größer wurde
und Berlin
das Ende der Welt,
und man irgendwie ahnte,
auf Dauer schafft das
niemand, irgendwann
ist es vorbei.

Deine Stimme ganz
nah an meinem Ohr,
und für einen kurzen
Moment denke ich,
du wohnst immer noch
hier, keine Entfernung
mit dem 102er von Tür
zu Tür, aber es ist nur
das Telefon, was so tut, als
wäre doch alles wie immer.

O.K. , sage ich mir, dir
werde ich es zeigen,
ich mach es genauso,
ich nehm den 102er
durch bis Berlin.

NICHT HEUTE NACHT

NICHT HEUTE NACHT

Abends um sieben riefen sie an,
drei Meter Dünndarm
rausgeschnitten hatten sie ihr,
das hörte sich nicht gut an.
Und es sah nicht gut aus,
wie sie da lag, Schläuche
im Mund, in der Nase, das Gesicht
verquollen, das Laken nur bis kurz
über die Brust gezogen, als wäre ihr
heiß, wie oft war ihr zu heiß, zu
kalt, „Findest du nicht auch",
sagte sie dann, „dass es entsetzlich
heiß hier ist?" Oder s c h r e c k l i c h
oder f u r c h t b a r oder
g r a u e n v o l l ! Und ich
schüttelte den Kopf und sah
sie an, nach Jahren das erste Mal
wieder sah ich sie an,

ihren Körper, ihre Haut,
eine achtzigjährige Frau,
unglaublich, dachte ich, wie
glatt sie ist, wie hell
ihre Haut und diese Füße,
die rausguckten, wollen
immer noch gehen, zuckten
hin und her wie
die Linien auf den Monitoren,
kein Fieber, dachte ich, und
der Kreislauf ist O.K., und dann

irgendwann sah ich die Uhr,
den langen Weg und den morgigen
Tag und stand auf und drückte
ihre Hand, küsste sie, sah
noch einmal in ihr Gesicht und
stellte den Stuhl an die Wand.

„Sie wollen schon gehen", sagte
die Ärztin und sah mich an, „Ja",
sagte ich, guckte in ihre Augen und
wusste, dass sie es nicht glaubte,
morgen sehen wir uns wieder,
sie wird nicht sterben,
meine Mutter,
noch nicht, nicht jetzt,
nicht heute Nacht.

UND MORGEN DER SOMMER

Fernab aller fernab
Weg von hier
Es riecht nach Feuer
Rette sich wer kann

Nimm dich an die Hand
Nichts außer dir mehr
Stell dich vor den Spiegel
Küss deinen kalten Mund

Zieh dir den Mut
Hoch in Flaschen
Die alten Lieder
Taugen nichts mehr

Und morgen der Sommer
Fast alles
Wie immer und
Leben wie ewig

CHRISTOPH D.

Von irgendwo her
Musik aus dem Radio,
nebenan im Zimmer
das Leben, die alltägliche
Reality-Show,

zugeschaufelt
              mit kalter Erde
                        dort unten
in einem Sarg

IM HERBST

Für Harald W. (16.2.1950-7.10.1974)

Mittags um eins stand
meine Mutter vor der Tür
und sagte, dass man ihn
gefunden hätte im Wald
an einen Baum,
erhängt.

Den langen Weg
in die Stadt zu mir
war sie gefahren, denn
ich hatte kein Telefon
und mein Leben war
ein großes Durcheinander,
was sie vielleicht ahnte,
aber nicht wusste und
sie musste lange klingeln,
bevor ich die Tür öffnete.

Und als sie vor mir stand und
weinte und ihre Stimme das
sagte, sah ich ihn schreiend
durch den Garten laufen,
immer nur schreien und
laufen, sein verzerrtes Gesicht,
seine Wut, seine Verzweiflung
und seine Verrücktheit und
ich dachte, wir müssen ihn
finden, wir müssen zu ihm,
wir müssen ihn wieder
nach Hause bringen.

EINES TAGES

Und irgendwann eines Tages
wird das Telefon klingeln, nachts
vielleicht, mitten in meinen Traum
hinein oder tagsüber, wenn ich
am Schreibtisch sitze oder Zeitung
lese, in der Badewanne liege, in
diesen weinroten Himmel starre.

Und wieder mal denke, alles ist
immer noch möglich, irgendwann
schmeiße ich diesen Job und
schreibe nur noch Gedichte über
alles, was schön ist und traurig
und komisch und höre im Radio

Kammermusik, während Murawski
über mir seine Hausmeistereingeweide
in die Kloschüssel kotzt und brüllt,
irgendwann dann vielleicht, wenn
der Imam das Mikro aufdreht und
der Fußboden bebt, der Milchreis
gerade anbrennt, klingelt das Telefon
und eine Stimme wird sagen,
er ist tot.

LILA

She came right through
my back door
Call me!
Call me!
Call me!

Lila Süße
Lila Meine
Lilas Pillen
Lilas Whisky
Lila müde
Lila krank
Lila brennt

LILA!

Passed through
that door
Forever
Gone

INGEBORG BACHMANN

Ich sitze noch immer
in meinem Iglu und
halte Wache.

Und warte.

Ivan.

(Du Ungarland!
Mein Ungarland)

Tausend Winter tief
im Freudentaumel Klagenfurts
gestürzt, verbrannt, begraben
auf dem Friedhof
der getöteten Töchter.

Ich sitze noch immer
in meinem Iglu und
halte Wache.

Und warte.

Schneeflöckchen, Weißröckchen
Wann kommst du geschneit?
Du wohnst in den Wolken,
Dein Weg ist so weit.
(Kinderlied)

SARAH KANE

So ohne was
im Blick.

Oh, Gott.
Kranke Liebe,
Roter Schmerz.

Ein Wassertropfen
platzt, zündet
wie eine Bombe.
Plopp!

Grün & Blau
rast vorbei,
weit und
schön.

Sie kamen
mit ihm
im Sarg
aus dem Wald.

Oh, Sarah Kane.

Schneeflockenhimmel
endlos.
Kalt.

IM SOMMER

Für Karin B. (1949-1973)

Ich habe Angst, dass
ich sterbe, sagte sie
schneeweiß, unter
ihrem Laken mit weit
aufgerissenen Augen,
durch die der Tod begann
sich reinzuschieben.

Ach was, nein, du
wirst nicht sterben,
sagte ich, es war
Sommer und
die Sonne schien.
Und deine Narbe
wird man nicht sehen,
weißt du, es gibt doch
diese Kleider,

hochgeschlossen bis
zum Hals mit weit
ausgeschnittenen Armlöchern.

Ja, sagte sie und
sah mich an.

Und meine Worte
hallten zwischen
den weiß gekalkten
Wänden, knallten gegen
das Metallgestell des Bettes.

Ja, sagte ich, du
wirst es schon schaffen

KRIEG

Im Schlafzimmer meiner Eltern,
in der „Besucherritze",
lag ich, an der Decke
oben im 4. Stock
sah ich die Lichter
der vorüberfahrenden Autos
langgezogene Schleifen ziehen,
gegenüber Schränke,
riesig wie Barrikaden,
das Ende der Welt.
Ich träumte vom Krieg.

PIFFPAFF

Die Luft ist dünn, so seidig,
nicht warm, nicht kalt, kein Wind
in Straßen, Häusern, Bäumen, kein
Rascheln und kein Flügelschlagen.

Doch sieh, da oben! Luftballons!
Schön bunt und prall gefüllt
mit meinem kalten Atem, damit
du besser träumen kannst und
schlafen, schlafen kannst,
mein Kind. Piffpaff!

IMMERSOSEIN

Weiß ist das Feld
Rot nirgends Blut

Nenn keine Zahlen
Sag nicht, wer du bist

Wir haben kein Lied
Alles immer wieder

Mein Kind wie schön
Du bist blau mit
Gelben Punkten
Leuchtest

Immersosein

FROOT LOOPS

Mitten im Krieg im Sessel
an der TV-Front, Froot Loops
fallen wie Bomben auf den
Frühstücksteller, grün mit
funkelnden Lichtern, schön
ist die Ansicht von Bagdad.

Weiß gescheitelt, ohne
Geruch aus dem Mund
Zahlen springen vom
Himmel, zweitausend
alle fünfzehn Minuten
80 % Treffsicherheit.

Der Rest, das Rätsel
die große Unbekannte
die Rote Karte dem Tod.

AM HELLLICHTEN TAG

Ein alter Güterzug
gegenüber auf dem Gleis,
leise (ra - ta - ta - ta
ra - ta - ta - ta)
langsam gleitend fährt er
durch die Bahnhofshalle,
am helllichten Tag,
und ich denke,
vielleicht ist es noch
einer aus der Zeit,
einer von denen,

die immer noch fahren
durch das ganze Land,
bis nach Polen, nach
Lodz, nach Krakau, in
die Tschechoslowakei
von Bahnhof zu Bahnhof.

WHAT A SHAME!

ALLES EINE VERSCHWÖRUNG

An dem Tag, vormittags um elf,
saß ich vorne im Zimmer und
schrieb. Das Telefon klingelte.
„Ist das nicht unglaublich!",
sagt ein türkischer Freund,
„Was", sage ich,
„Die Mauer ist gefallen!"
Wieder mal eine orientalische
Übertreibung, denke ich,
stelle das Radio an,
den Fernseher und seh
nachts auf der Straße
im Scheinwerferlicht Menschen
lachen und weinen, sie küssen
und umarmen sich, laufen
hin und her, und
irgendwo dazwischen
eine Touristenattraktion,

der Grenzübergang, Vopos
als Statisten in einem Film,
den es nicht gibt, ein
übler Scherz, denke ich,
bald rücken die Panzer an,
morgen ist Krieg und hänge
vor der Glotze bis abends

Christina kommt, die Spanierin,
„Unglaublich!", sagt sie
und ihre Stimme überschlägt
sich, „Unglaublich", ihre Hände
zittern, und sie raucht
eine nach der anderen, und
wir trinken Wein und lachen
und reden und gucken
immer wieder in die Glotze.

Und dann geht die Tür auf,
Angela erscheint, die Russin,
mit ihrem autistischen Sohn

und müden Augen, mitten
aus einem Dostojewski-Roman,
„Alles eine Verschwörung
vom Papst," sagt sie, „ich habe
gehört", für einen Moment
halten wir den Atem
an, das Lachen bleibt
uns irgendwo stecken,
„Ah, ja", sagt Christina und
sieht mich an, na ja, dachte ich,
mal sehen, was morgen
alles noch kommt.

IN ALLER STILLE

Der Palast der Republik
Morgens um drei
Im September ´90
Seit gestern
Geschlossen
Menschenleer
Eingetaucht in
Dottergelbes Licht
Asbestverseucht
Im Nowhereland.

Ein Abziehbild als Souvenir
Stopf ich mir
In den Kopf
Im Taxi hier
In aller Stille
Feiern wir
Deutsch-deutsch

Amore
Hand in Hand
Im rasenden Tempo
Über den Asphalt
„Unter den Linden"
Durch die Nacht.

KEEP SMILING

DER WESTEN! BREITBRÄSIG
aufgezogenes Lächeln,
eingebrannte Farbigkeit -
unverbindlicher Kleister,
Verbandsstoff, vorläufiger
Höhepunkt der Zivilisation?
KEEP SMILING!

Modische Variationsnummer:
Der Schmusegrinsesex,
die plumpe Verwechslung,
das alles nur ein Furz im All?
Wo, bitteschön, ist hier
der Ausgang?

Allerdings so nun wieder
auch nicht: Peter Maffay,
gestylt als James Dean,
der einsame Kojote,
„Kein Weg ist zu weit"
für „Schappi" aus der Dose.

Dem Kanzler den Schirm
halten und selber im Regen
stehen? Eine Erkältung mit
Erinnerungswert? Oder wer
quatscht hier was von
Perspektiven: Einerseits
Müllberge mit Design, und
dort schon jetzt die Zukunft
á la rien ne va plus,
Menschenberge im Dreck
auf der Straße.

Und vor der Tür steht
wieder mal das Christkind,
angesagt das allseits
beliebte Kinderspiel:
Ich ballerballer, du tot!
Nix für ungut, gibt gleich
noch´nen Film. O.K.?

STELLT DAS RADIO LEISER

Ossi hat uns eingeladen,
ein besonders nettes Ehepaar
mit einem kleinen Kind käme
und die alten Freunde auch; das
war so was wie eine Brücke,
nach langer Zeit
sehen wir uns wieder
in seiner Wohnung
mit den Chagall-Repros
an den Wänden über dem Sofa,
gegenüber das Bücherregal
vollgestopft von der Decke
bis zum Boden.

Und sie kommen
einer nach dem anderen
langsam und vorsichtig
ins Zimmer, ein wenig

älter geworden, ein bisschen
zerbrechlicher, aber
ihre Augen leuchten
immer noch, Augen, die
gesehen haben, wovon
andere sagen, nichts
davon gewusst zu haben.

Und wir lachen und sagen,
wie schön es ist, sich
wiederzusehen, sitzen
auf dem Sofa, um den Tisch
herum und trinken Sekt
und Wein und Wodka, und
Edna erzählt von den
Kakerlaken im Asyldorf,
wo sie arbeitet, jeden Tag
auf jeder Etage eine Falle
bis zum Rand voll
mit Kakerlaken.

Die Kinder spielen Schach,
drehen am Radio rum und
es ist schon spät,
der Wodka fast leer,
Esther und Else
singen jiddische Lieder
aus den Zwanziger Jahren,
„Stellt das Radio leiser",
sage ich und drehe mich um,
und denke, ach,
diese Kinder.

DER MANN MIT DEM HUT

„Hinter mir steht immer ein Mann
mit einem Hut", sagte sie aufrecht
sitzend im Bett in ihrem langen
lachsfarbenen Nachthemd. Sie war
98 und lag im Krankenhaus, ein
Schlaganfall, wie die Ärzte sagten,
und sie war ein wenig
beunruhigt über diesen Mann.
„Das ist doch nicht normal",
sagte sie, „oder was meinst du?"
Ihr Neffe war kurz zuvor
gestorben, der fast zwanzig Jahre
jünger war als sie und dessen Frau
drei Wochen darauf, das alles
war ein bisschen zuviel für sie,

aber ich konnte es immer noch
nicht glauben, wie gut es ihr ging,
dass sie vor dem Bett stand und
ihre Rückenlehne richtete, als ich
in das Zimmer gekommen war,
„'Tut er dir was", fragte ich sie,
„Nein", sagte sie, „er steht nur da."
„Dann ignorier ihn doch."
„Ja", sagte sie „du hast Recht."

AUCH NUR OHRENSCHMALZ

Der Wecker klingelt, ich mache
die Augen auf, und etwas in mir
fängt sofort an zu ticken,
nach Heulen ist mir, einfach so,
und schon jetzt weiß ich,
dieser Tag hat nicht viel
übrig für mich, ich kann ihn
abschreiben, vergessen,
dass es ihn gibt, stehe auf,
gehe in die Küche, schmiere
das Schulbrot, setze das Teewasser
auf und brülle zum fünften
oder sechsten Mal, sie soll
aufstehen, sich anziehen.
Und dann klappt die Tür zu.

Es ist still, und ich gehe zurück
ins Bett mit meinem Tee,

stelle das Radio an, hole den
Gameboy, spiele eine Runde
und lese eine Carver-Geschichte,
wo jemand zum Frühstück
Sekt trinkt und Krapfen isst
und denkt, früher hätte er das
originell gefunden und jemandem
erzählt, aber das ist lange her.

Und ihm ist das Ohr zugefallen
wie mir vor einer Woche, als ich
aufwachte, auf dem rechten Ohr
nichts mehr hören konnte, ganz
genauso ging es ihm, und es war
auch nur Ohrenschmalz, und
dann schließ ich die Augen und
sage mir, früher war alles viel
schlimmer, wirklich alles viel
schlimmer, aber Liebe oder
so was ist bei ihm nicht im Spiel.

DA KANN MAN NICHTS MACHEN

Es soll nur aufhören, dachte sie,
aufhören, dieses Klingeln und
Klopfen und eine Stimme, die
ihren Namen rief, oder war das
nur in ihrem Traum, aus dem sie
nicht rauskam, wo Steine flogen,
aus einer Felswand bröckelten,
runterprasselten, immer wieder
Steine fielen; und sie schlug
die Hände vors Gesicht, rollte
sich zusammen, vergrub ihren
Kopf unterm Kissen „Aufhören!"
schrie sie. „Aufhören!"

„Bitte öffnen Sie!", sagte jemand,
eine Uniform, eine Stimme, die in
sie einbrach und sah Glasscherben
im Flur, Leute vor ihrer Tür, und

sie wusste immer noch nicht,
ob das der Wein war, die Tabletten
oder nur ein Alptraum, der immer
so weitergeht, nie endet und schrie
und weinte und schrie.

„Da kann man nichts machen", sagte
der Polizist, „Alkoholismus allein ist
kein Grund, jemandem zu kündigen
oder ihn einzusperren." - "Da muss also
erst was passieren", sagte die Nachbarin
von gegenüber mit dieser Stimme, die
aufsprang wie ein Klappmesser und
durch das Treppenhaus stieg, in dem es
ziemlich stark roch nach angebrannter
Milch, nach Feuer. „Ja, so ist es",
sagte der Polizist und sah die Frau
mit diesem Blick an, der sich
mit ihrem verbündete. „Leider."

KEIN PROBLEM

Sie ruft an und sagt, sie kommt
vorbei, ob er da ist; etwas ist
passiert, denkt er, das hat sie noch
nie gemacht, sie haben sie abgelehnt,
sie ist im Arsch, sie schmeißt alles
hin, irgendsowas, oder sie hat ganz
einfach nur Sehnsucht nach ihm,
so was soll es ja geben, sie fragt ihn,
ob er sie heiraten will, sie hat sich
entschieden und zieht in eine andere
Stadt, sie hat einen anderen, oder sie
war beim Arzt und sagt, „Ich habe
einen Test machen lassen, und der
ist positiv!" Dann kommt alles raus,
er muss es ihr sagen, und er sagt ihr
auch, wer es war, das verzeiht sie
ihm nicht, und er hat Angst, jetzt
ist alles vorbei; und er trinkt ein Bier

nach dem anderen, guckt immer
wieder auf die Uhr, sein Kopf glüht.
Endlich klingelt es, sie steht vor der
Tür, müde und kaputt und blass.
„Wie war es", fragt er sie und sie
reden miteinander, und dann sagt
sie es, "Ich weiß nicht, ob ich dir
das zumuten kann", und einen
Moment lang hält er die Luft an,
„Könntest du mir Geld leihen, eine
größere Summe, für ein paar Tage."
„Na, klar", sagt er, „kein Problem."

NICHTS ALS DIE WAHRHEIT

Wir waren im Imbiss und redeten
über die Wahrheit, nichts als die
Wahrheit, nur die reine Wahrheit
will er und sonst nichts, und sagt,
seine Frau hat schon wieder
die Pfanne anbrennen lassen, nicht
mal ein Steak braten kann sie, und
wenn sie den Tisch deckt, vergisst sie,
Messer hinzulegen, das ist doch
das Mindeste, was er erwarten kann,
das Essen auf den Tisch zu stellen,
wenn er den ganzen Tag arbeitet, und
die Kinder mit ihrem Blödsinn nerven ihn
auch und all diese banalen Gespräche.

Hinter mir steht ein Typ und sagt,
„Wenn sie so in das Alter kommen,
Ende Zwanzig, Anfang Dreißig, dann

wollen sie alle Kinder. Da war sie
bei mir an der falschen Adresse,
zusammenziehen und Kinder, weißt du,
so eine ganz normale Beziehung, nee,
sage ich dir, nein danke!" Und ich
drehe mich um und denke, so also
sieht ein Arsch aus, ganz normal,
auf den ersten Blick nicht mal
richtig unsympathisch, die Frau
neben ihm nickt nur und schnippt
in den Aschenbecher, und mein Freund
stippt die Wurst in den Senf, starrt
auf die Tischplatte ins Leere.

„Verstehst du," sagt er, „richtige
Gespräche will ich, die Wahrheit,
und nicht diesen banalen Quatsch."
„Hm", sage ich und spiele
mit meiner Kippe im Aschenbecher,
ziehe kleine Kreise und denke,
ein Bier wäre jetzt nicht verkehrt.

IN DEINEM ALTER

Küsse und Umarmungen
so lange der Vorrat reicht,
aus der Kinderabteilung,
zum Sonderpreis im Angebot.
(Wo, bitte, wo ist der Ausgang?)

Zwischen immer noch so
und kann nicht mehr sein.

(Please, please me!
Sweet words of nothing)

Was du bewirkst,
mit Glück ,
bei einem Mann
in deinem Alter,
bewegt sich
für kurze Zeit
noch gerade so

auf Pimmelhöhe.

(Und was dann kommt,
denk nicht daran)

Manchmal hörst du
aus seinem Mund
ein Fiepen, als wäre
dort ganz in der Nähe
ein Rattennest.

DIESE VERDAMMTEN WEIBER

Wie sie da so saßen,
nebeneinander auf dem Bett
in ihren Kimonos, die Decke
über den Füßen, Sektgläser
in der Hand, die Flasche auf
dem Boden und redeten
über eine Zeit, lange bevor
er sie kannte, und immer
betrunkener wurden und sich
nicht halten konnten vor
Lachen, mitten in der Woche
mittags um zwei schon
vor der Glotze diesen Tag
abtranken bis zum Abend,
als gäbe es ihn gar nicht,
diese verdammten Weiber,
dachte er und wünschte nur
eines, dass ihre Freundin

so schnell wie möglich
diese Wohnung verließ, aus
dieser Stadt verschwand, und
dass sie aufhörte zu trinken,
arbeitete und alles andere
schnell wieder vergaß.

BAD GIRL

Ich war gerade zehn und
es war Sommer, mitten
im Kalten Krieg, Anfang
der Nierentischzeit,
dieser heiße Sommer ´59,
in unserem 50 qm Garten
im Hof lag ich im Liegestuhl,
meine Mutter neben mir,
knallblauer Himmel,
Kindergeschrei.

Und jetzt sieht sie ihn,
hellrosaweiß mein Mund
geschminkt
mit Penatencrème
wie Brigitte Bardot oder
Frau Hermann aus Amerika,
im letzten Stock über uns,

mit lilafarbenem Haar
und Stöckelschuhen, genau
so aussehen wollte ich,
heimlich vor dem Spiegel
Bauklötze unter den Schuhen,
mit Pelikan-Tusche
das Gesicht bemalt.

Meine Mutter guckt mich an,
mit diesem Blick
auf meinen Mund
sieht sie mich an,
und noch bevor sie
es sagt, weiß ich es.
Unmöglich bin ich!
Ein schlimmes Mädchen,
mit mir wird es eines Tages
noch einmal böse enden.
What a shame!

FÜR IMMER & EWIG

UND TROTZDEM

Heute Nachmittag im Kino
in den Straßen von Paris
sah ich ihn,

                wie

er sie küsste,
sie ihn berührte,
er sie ansah,

seine Nase, sein Mund
so ähnlich;

ein letzter Blick von ihr
aus dem Auto hinten
durchs Fenster,

                und er

sitzt auf der Straße
auf der Kühlerhaube
eines geklauten Chevrolets

zieht dieses Lächeln auf,
krempelt die Ärmel hoch,
und du weißt alles
spricht gegen ihn,
und trotzdem
alles ist möglich.

DONNIE BRASCOE

Lefty der Killer mit dem
Gang eines Loser und
Augen, die darauf warten,
wann der Schlag kommt
und das Ende; aber
wer will schon immer
nur damit leben, wenn es
noch einen Grund gibt wie
DONNIE BRASCOE.

Aus dem Nichts aufgetaucht,
wie von Gott geschickt,
am helllichten Tag
in einer Bar am Tresen,
sieht er hoch
aus seiner Zeitung und
rein in Lefties Augen,
zündet ihm noch einmal

alle Lichter an; seine
letzte Chance, denkt er, ihnen
allen zeigen, dass er doch
ein Kerl ist, seine Zeit nicht
vorbei, aber eigentlich weiß er,
es stimmt nicht, es ist etwas
anderes, das letzte Mal und
auf den ersten Blick, fliegt er
auf Donnie, fällt auf ihn
rein, wieso, warum. Egal.

NOCH EINMAL

Margot, du alte Fregatte!
Wie sich dein schwarzes Segel
bläht! HL- und PENNY-Tüten
kurz über dem Boden, dein
runtergelassenes Herz auf
dem Asphalt tickt,

          (I tell
you, I tell you, I tell you
we must die)

willst im Daddelautomaten noch
einmal die große Nummer
abziehen,

         (I´ll show you
the way to the next Whisky-Bar)

bis es dir kommt,

                  kalt und

klimpernd, hoch schwabben

die Wellen, dein Wimpel zittert.

(O, don´t ask why, don´t ask

me why)

DIES ALTE SPIEL

So heiß, so traurig
zwischen deinen Beinen
in deinem Blick
das Gift,
die Gier, die Lust,
das Leben, der Rhythmus
stimmt dieselbe Melodie,
dies alte Spiel.

(I´ll make you sad,
you´ll make me cry)

Ganz kurz nur
im Vorübergehen
dein Blick, ein Stoß
genau da hin.

FÜR IMMER & EWIG

Ich will einen Mann
mit einem klopfenden Schwanz,
der mir seine Seele reinstößt.

(Was sagten Sie gerade?
Ja, angenehm. Wirklich. Apart.)

Vom Knabbern an den
Käfigstangen ist noch
niemand satt geworden.

(Wofür das alles, wofür)

Keine Nichtworte,
stillschweigende Übereinkommen
und Zeitverträge.

Einziehen in den Himmel,
da oben bleiben,
für immer & ewig.

(Don´t forget me.
Never)

MONIKA

Monika! Halt den Finger hoch!
Kalt hier oben, eisiger Wind.
„Noch eins bitte"
                    (You don´t
know what it´s all about)
Zu entzündbar, zerbröckelt.

PUTTPUTTPUTTPUTTPUTTPUTT.
(Take it! Take it! Just another
little piece)
Dich verfüttert.

Und jetzt dem guten alten Hund
aufgesessen. Koom, komm! Sitz!
Jaa. Brav.

(O Lord, won´t you buy me
a colour TV)

NICHTS

Wenn Max könnte,
da bin ich ganz sicher,
würde er mich heiraten.
Aber Max ist ein
Meerschweinchen.

Auch der Balkon blüht
kalt und guckt mich an
durch das Küchenfenster.
(Why don´t you come out)

Und der Sommer spielt
mit der Sonne wie ein Kind
mit dem Lichtschalter.
(Mach doch selber, wenn es
dir nicht passt!) Richtig hier
tickt nur die Zeit.

IN DEN HIMMEL

IN DEN HIMMEL

Wer weiß denn schon
wieso, warum, wohin
und überhaupt der Blick
aus dem Klofenster hoch
durch den Schacht oder
der Rundum-Panoramablick
vom Fernsehturm? Was
bringt´s wem? Wem bringt´s
was?

(Steck ihn mir rein! Auf
der Stelle! Sofort.
Die ganze Nacht. Dich.)

Jaja, was du nicht sagst,
einfach so geschluckt,
Aspirin pur, die Säure:
Magenbluten.

(Hoffnungslos
vorbeigeschrammt)
Und all
die winzigen Kratzer auf
dem Mahagonibuffet:
Der erste Fall! Damals

als die Welt noch ein Ball
war, der hochflog,
gleich über dem Kopf
in den Himmel.

WARUM UND ÜBERHAUPT

Pure fun at its best?
Ich dir/du mir: Wärmflasche?
Gummi, gegenseitige Ertüchtigung -
und das, was züngelt, brennt so
ganz von selbst, nichts weiter als
Chemie bis hin zum Mord?

(The way you walk
the way you talk
you make me mad)

Wieso, warum und überhaupt.

Oder weiß hier jemand, wo
es lang geht? Na klar!
Blind wie ein Maulwurf, aber
wieder mal die endgültige
Lösung und bei Stromausfall
auch nur kalte Füße kriegen.

Zukunft? Alles unter Kontrolle,
das Gewehr im Anschlag mit den
Sprüchen von gestern?
Na dann: Mahlzeit!

Worum geht es hier eigentlich?
Tennis in Puschen vorm Fernseher
und unten auf der Straße
läuft Hoyerwerda & Co.:
Brot und Spiele! Aber wer
spielt hier was mit wem?

Jaja, schon gut, wo bleibt
denn hier der Spaß? So lange
Zeit noch bis zum Liften,
die Titten keine Tüten,
mein Glanz noch hält, das wäre
doch gelacht, meine Herren, da
auf dem Teppich bleiben, mich
hier nicht mehr mit Ihnen
mal wieder aufs Parkett zu werfen.

I NEVER EVER GIVE IT UP

Ist das die Lösung:
Vom Kneipentisch direkt
via Daddy´s Connection
nach Rio im Stahlgeschäft
die Zukunft?
             Zu zweit als
Karojacken Hand in Hand
durchs Leben gehen, Tag
für Tag und immer noch
1-2 x die Woche, alles
nur Statistik oder wie
macht man das?
             (Aber wer
kann sich schon ständig
diese Kicks holen wie
Steffi Graf beim Aufschlag)

Oder auch so: Mit 60 es
endlich mal wissen wollen,
Mutterns Erspartes durchbringen
mit einer, die zum letzten
Rendezvous den Killer als
Vertreter schickt.
                    (Auch als
Invalide hat man das Recht
bei Rot über die Straße zu gehen)

Meine tragische Dimension
hingegen: stark abfallend
der Pegel von 7 auf 1 x
pro Woche besoffen,
                        mein Glück
läuft immer noch latent
vorbei, in jeder Hose,
sprungbereit, das große Los,
der Hauptgewinn!
I never ever give it up!

MERRY CHRISTMAS! Oder: GRÜß MIR DEN WEIHNACHTSMANN!

Wer will denn schon
Tag für Tag nur
bloody reality?
Einkaufsgespräche,
Vertragsabschlüsse,
Knorr´s Suppenterrine,
Maggi-Würze, Konservendosen
aus dem Angebot.

Noch einmal alles,
um jeden Preis!
(Kein Thema, Herr Quast!)

Solange die Arschbacken
halten, das Verfallsdatum
nicht abgelaufen ist, und
der Gefrierpunkt noch

nicht erreicht, will ich

eine kleine Weile noch

hier nichts weiter

als ein paar schöne

Worte, süße Lügen,

falsche Versprechungen,

umwickelt mit diesem Lächeln,

(Ach-sag-mir-doch,

ich-weiß-nicht-wann)

mit Küssen beklebt

aus jenem April

(ein für alle Mal:

1990 A.D.!)

für immer & ewig,

dein Ein & Alles,

einen Tag lang,

deine Königin sein.

ALLEMAL AUCH DAS

„Selig", „König", „Pension Kabul"-
Zufall, Absicht, weiter nix?
Absteigen. St. Georg, Hamburg
Bremer Reihe.

Wer weiß denn hier
noch irgendwas?
Mehr als den eigenen
Namen kennt doch bald
keiner mehr.

Schrebergärten, wo man
auch hinsieht: Monopoly,
Kinderspiele, Disneyland:
Die östliche Variante
mit viel Bumbum und
echtem Blut

(Schreit da wer nach
mehr Authenzität)

Und Frau K.´s Leben:
Ohne Aufsehen und weiß
wie der Joghurt,
den sie auslöffelt.

(Allemal auch das
eine Performance)

Oder mit 82 sowas
wie eine Lebensformel,
ein kleines Lied:
Hmhmhm, jaja.

INHALT

EIN VOGEL WAR ICH

IMMER WILL ICH DICH

NICHT HEUTE NACHT

WHAT A SHAME!

FÜR IMMER & EWIG

IN DEN HIMMEL

Renate Wichers

Veröffentlichungen von Gedichten:
"Die wenigen, die ich mag, die lieb ich",
Hartmann-Verlag,
sowie in Anthologien bekannter Verlage.

Prosa:"Traumlieben", Luchterhand, 1982